§ 193

Beleidigung und berechtigte Interessen

Eine Sammlung
von 40 strafrechtlichen Fällen nach der Spruchpraxis
des Bayer. Obersten Landesgerichts

von

Ferdinand Kurz
Amtsrichter.

München, Berlin und Leipzig.
J. Schweitzer Verlag (Arthur Sellier).

Druck und Verlag von U. E. Sebald, Kgl. bayer. Hofbuchdruckerei, Nürnberg.

Vorwort.

Zur Zusammenstellung dieser Fälle, die Beleidigungen der verschiedensten Art behandeln, bewogen mich vor allem drei Umstände:

Erstens, die Erkenntnis, daß weite Kreise unseres Volkes, selbst die hochgebildeten Klassen, von der Bedeutung des § 193 unseres Reichsstrafgesetzbuchs nur ein sehr oberflächliches Wissen haben.

Zweitens, daß nur durch die Darstellung wirklich vorgekommener Fälle das Verständnis und die praktische Anwendung dieses wichtigen Paragraphen ermöglicht werden kann, und

Drittens, daß durch das richtige Erfassen dieses Gesetzes viele Prozesse vermieden werden können, die sonst verloren gehen und viel Geld kosten.

Obwohl nun auch der zünftige Jurist durch diese Fälle, die mit den notwendigen Kürzungen und Änderungen der Sammlung von Entscheidungen des Bayerischen Obersten Landesgerichts in Strafsachen (Band 1—8 vom Jahre 1902—1908) entnommen sind, manchen neuen Gesichtspunkt kennen lernt, wird man doch aus der ganzen Abfassung ersehen, daß die Fälle vor allem für denjenigen zusammengestellt sind, bei dem juristische Vorkenntnisse nicht vorausgesetzt werden können.

Es gilt hier vor allem, den Geist des Gesetzes zu erfassen, und dazu braucht man kein Jurist zu sein; gesunde Auffassung und klarer Blick für alle Verhältnisse genügen, aber freilich muß man sich zunächst an gegebenen Beispielen und Fällen praktisch schulen. Dies letztere soll diese Sammlung erreichen.

F. K.

Nr. 1.

a) **Tatbestand:** Die Gütlersfrau Schäfer äußerte zu der Zimmermannsfrau Hobel, sie solle ihren Buben nicht zu dem Ökonomen Bauer gehen lassen, der (minderjährige) Söldnerssohn Monz **habe im Bauerschen Hause mit Anna Bauer und ihren — der Schäfer — Mädchen unzüchtige Handlungen vorgenommen.** Sie sagte einige Tage später zur gleichen Frau: **Monz habe sich auch noch mit drei anderen Mädchen und seiner eigenen Schwester verfehlt.** Der Vater des minderjährigen Monz verklagte die Gütlersfrau Schäfer.

b) **Urteil:** Die Gütlersfrau Schäfer wurde freigesprochen.

c) **Gründe:** Es ist zunächst zu prüfen, ob sich die Kundgebung objektiv als Beleidigung darstellt. Dies hängt wesentlich von den Umständen des Falles ab. Wenn schon objektiv die Äußerung nicht geeignet ist, zu beleidigen, braucht die Frage des subjektiven Tatbestandes gar nicht erörtert zu werden (III, 19). Hier sind die Äußerungen objektiv beleidigend und die sie Aussprechende hatte auch das Bewußtsein, daß sie geeignet sind, zu beleidigen. Es liegt Beleidigung nach § 186 vor. Die Äußerungen sind nicht erweislich wahr, können aber nicht gestraft werden, weil sie unter dem Schutze der berechtigten Interessen stehen. Die Annahme eines berechtigten Interesses setzt eine eigene Angelegenheit des Täters oder doch eine ihn selbst nahe angehende Sache voraus; unter den Begriff solcher Sachen fallen Interessen Dritter nur dann, wenn der Täter sie kraft Amtes oder Berufs zu vertreten hat, oder wenn er mit dem Dritten durch solche nahe Beziehungen verbunden ist, daß es bei billiger Beurteilung als gerechtfertigt erscheinen lassen, daß er die Sache des Dritten als seine eigene ansieht. Die Angeklagte hielt die erzählten Tatsachen für wahr. Das berechtigte Interesse der Angeklagten ist darin zu finden, daß sie die Tatsachen mitteilte, damit die Zimmermannsfrau ihren Knaben nicht mehr bei Bauer verkehren lasse, weil dort nach ihrer Überzeugung die Kinder der Gefahr der Verführung ausgesetzt waren. Die dadurch bezweckte Verhütung war eine gemeinsame Angelegenheit aller Eltern. Aus Form und Umständen ging hier das Vorhandensein einer Beleidigung nicht hervor. Die mehrmaligen Mitteilungen wurden von Sch. für dienlich erachtet. Es kommt nicht darauf an, ob sie erforderlich waren.

17. I. 00. I, 207.

Nr. 2.

a) **Tatbestand:** A. kaufte von B. eine Anzahl Ochsen, darunter 6 eigens ausgewählte Stücke, die dem A. mit der Bahn zugesandt wurden. Dieser faßte bei der Prüfung der Tiere die Meinung, daß die 6 Stück teilweise verwechselt worden seien. Es entstand dadurch ein Briefwechsel. A. schrieb dabei einmal: „. . . **ich fand meine Ochsen nicht wieder, und frage ich, wo sind die beiden Ochsen, welche** . . .“ dann ein anderes Mal: „. . . **So glaube ich,** daß ich **nur die vordersten Ochsen bekommen habe und die hinteren vier großen Ochsen überhaupt nicht; ich sage Ihnen hierdurch besonders, daß meinen Augen so leicht nichts entgeht**“; ferner später: „. . . **ich glaube nun, daß Sie mir die beiden besten Ochsen nicht mitgesandt, dafür zwei schlechte beigeladen haben**“, und endlich: „**Ich habe diesem nichts mehr beizufügen und verlange nur von Ihnen, falls Sie hiermit nicht zufrieden, mich sofort verklagen zu wollen; falls Sie dieses nicht tun, sind Sie ein Feigling; ich weiß was ich gekauft.**“

b) **Urteil:** Der Käufer A. wurde verurteilt.

c) **Gründe:** Daß eine Verwechslung der Ochsen stattfand, konnte nicht festgestellt werden. A. war aber der Meinung, daß die 6 Ochsen teilweise verwechselt wurden. Als er dem B. darüber Vorhalt machte, handelte er in gutem Glauben, berechtigte Interessen zu wahren. Es steht ihm der Schutz des § 193 zur Seite. Strafbar ist aber A. weil er den B. beleidigen wollte. Zwar wirft er ihm nicht **absichtlich** falsche Lieferung vor, er gebraucht aber den Ausdruck „Feigling". Dieser ist objektiv ehrverletzend. Die Schärfe dieses Ausdrucks und die aus dem letzten Brief sich kundgebende Erbitterung des A. über die nach seiner Meinung durch B. verschuldeten Differenzen lassen die Absicht des A., den B. zu beleidigen, erkennen. Daß der Ausdruck nur bedingt gebraucht wurde, ist gleichgültig.

7. XII. 00. I, 225.

Nr. 3.

a) **Tatbestand:** Der Jagdschutzbedienstete Arnold hat den Privatier Bühler in einer Staatswaldabteilung unter Umständen betroffen, die den Verdacht erweckten, daß jener dort, wo er die Befugnis zur Jagdausübung nicht hatte, einen Hasen geschossen habe. Um durch einen überraschenden Vorhalt den Verdächtigen zu einem Geständnisse zu veranlassen, rief Arnold dem Bühler sofort zu: **„Sie sind ein Wilderer, Gewehr weg oder ich schieße."** Als er dann vergeblich Vorzeigung des Platzes, wo der Hase geschossen wurde und Auslieferung des Hasen und Gewehres verlangt hatte, sagte er: **„Sie haben gewildert."** Bühler wurde dann abgeführt und sagte dabei: „Wenn Sie morgen wieder dastehen, so schieße ich Ihnen einige Hasen vor der Nase weg." Darauf erwiderte Arnold: **„Sie scheinen mir ein echter Wilderer zu sein."**

b) **Urteil:** Der Jagdschutzbedienstete wurde freigesprochen.

c) **Gründe:** Der Vorwurf war hier tatsächlich unbegründet. „Wilderer" ist objektiv eine Beleidigung. Arnold war sich auch des ehrverletzenden Charakters dieser Äußerung bewußt. Alle dreimal wurde diese Äußerung zur Wahrnehmung eines berechtigten Interesses gemacht. Es ist Pflicht und somit auch das Recht des Jagdschutzbediensteten, Jagdvergehen zu ermitteln und zu diesem Zwecke dem eines solchen Vergehens Verdächtigen entsprechenden Vorhalt zu machen. Aus Form und Umständen der Äußerung geht eine Beleidigung hier nicht hervor.

20. III. 01. I, 318.

Nr. 4.

a) **Tatbestand:** Der Gemeindediener Martin zeigte den Bauern Fink wegen Diebstahls an. Als Zeuge beeidete er, daß **er von Fink Gemeinde-Holz gekauft und diesem auch bezahlt, daß aber Fink das erhaltene Geld nicht an die Gemeindekasse einbezahlt habe.** Am Tage nach der Verhandlnug erzählte der Gemeindediener auf Befragen dem Gemeindekassier, was er als Zeuge ausgesagt habe und **fügte bei, daß er seine Aussage auch behaupte.** Wegen dieser letzten Äußerung gegenüber dem Kassier stellte Fink Klage.

b) **Urteil:** Der Gemeindediener wurde freigesprochen.

c) **Gründe:** Es besteht kein Rechtsgrundsatz, daß Berichte über Gerichtsverhandlungen straflos sind. Es kommt dabei auf die Motive der Berichterstattung und das verfolgte Ziel an. Zu den Vorgängen in einer öffentlichen Gerichtsverhandlung gehört auch die Zeugenaussage, die der Zeuge später weiterverbreitet. Diese Weiterverbreitung ist deshalb auch nicht unbedingt gestattet: Wenn der Gemeindediener bei dieser Erzählung beifügte, daß die Aussage wahr sei, so ist dies eine neue selbständige Kundgebung. — Es handelt sich hier um eine zum Nachteile der Gemeinde begangene Handlung. Es sind dabei die vermögensrechtlichen Interessen der Gemeindebürger berührt. Wenn unter diesen Umständen der Gemeindediener dem Gemeindekassier Bericht über die Verhandlung erstattete, so handelte er in Wahrnehmung der Interessen der Gemeinde und seiner selbst. Dies umsomehr als mit der ersten Verhandlung das Strafverfahren nicht abgeschlossen war. Form und Umstände der Kundgebung lassen auf die Absicht zu beleidigen nicht schließen.

16. IV. 01. I, 341.

Nr. 5.

a) **Tatbestand:** Die Zimmermieterin Mack ließ sich alltäglich von der Milchfrau und dem Bäcker Milch und Brot vor ihre Wohnungstüre legen. Es kam nun beides öfters abhanden. Als nun früh 6 Uhr einmal M. die Tochter des Hauseinwohners Iggisch in der Nähe der erwähnten Wohnungstüre sah, äußerte Mack: **„Hab ich jetzt endlich die Diebin, die mir jeden Tag das Brot wegnimmt."** Als die Angeredete sagte, das sei nicht wahr, sie habe nur ihren Schlüssel gesucht, sagte Mack: „Lügen Sie doch nicht so." Zugleich gab Mack der Iggisch eine (nicht schmerzende) Ohrfeige.

b) **Urteil:** Die Zimmermieterin wurde wegen der Äußerungen freigesprochen, aber ob des Backenstreichs wegen Beleidigung verurteilt.

c) **Gründe:** Daß Iggisch die Milch und das Brot jemals genommen hat, ist nicht bewiesen. Mack hat aber zur Wahrnehmung — vermeintlich vorhandener — berechtigter Interessen die beleidigenden **Äußerungen** gebraucht.

Mack hat aber der Iggisch eine Ohrfeige vorsätzlich und rechtswidrig gegeben, um dieser ihre Mißachtung und Geringschätzung zu erkennen zu geben. Auch gibt es gegenüber **tätlichen** Beleidigungen keinen Schutz gemäß § 193.

28. V. 02. II, 279.

Nr. 6.

a) **Tatbestand:** Der Obsthändler Klotz wurde von dem Gendarmeriestationskommandanten Dellel wegen straßenpolizeilicher Übertretungen zweimal angezeigt und vom Gerichte verurteilt. Dies kam in der Wirtschaft zur Sprache. Der Krämer Kraus äußerte: daß Klotz wohl nicht angezeigt worden wäre, wenn er nicht ungezogen gewesen wäre. Er sei auch einmal angehalten worden, weil sein Fuhrwerk keine Namenstafel hatte; der Gendarm habe aber auf seine höfliche Bitte von einer Anzeige Umgang genommen. Als Klotz die Wahrheit dieser Mitteilung bezweifelte, beharrte Kraus auf deren Richtigkeit. Daraufhin schrieb der Obsthändler einen Brief an den Amtsanwalt, in dem er den Inhalt der Erzählung des Kraus mitteilte, um Einschreitung gegen den Stationskommandanten bat und bemerkte: **„Meiner Ansicht nach muß einer gehalten werden, wie der andere, ob er der Freund des Herrn Stationskommandanten ist oder nicht."** Er benannte als Zeugen dafür, daß dieser seinen guten Freund nicht anzeige, den Krämer Kraus.

b) **Urteil:** Der Obsthändler wurde wegen Beleidigung nach § 185 verurteilt.

c) **Gründe:** Der einem Beamten gemachte Vorwurf der Parteilichkeit enthält eine gegen die Ehre eines anderen gerichtete vorsätzliche und rechtswidrige Kundgebung. Klotz hatte das Bewußtsein, daß diese Kundgebung so wirken mußte. Ja, er bezweckte, daß bei dem Amtsanwalte und allen Vorgesetzten des Wachtmeisters, die vom Inhalte des Briefes Kenntnis erhielten, eine geringschätzende Meinung über dessen Person und dienstliche Tätigkeit erregt werden sollte. Es schützt § 193 auch den Anzeiger, der unbegründete Anzeigen macht; aber immer kommt es auf das subjektive Moment an. Es kommt an auf den Willen, mit dem der Anzeigende gehandelt hat, und auf den Zweck, den er verfolgt hat. Der Anzeigende kann mit dem erlaubten Zwecke auch einen unerlaubten verbinden, z. B. den Zweck, zu beleidigen. In solchen Fällen handelt er nicht lediglich zur Wahrung berechtigter Interessen, sein Wille ist vielmehr auch auf die Beifügung einer Beleidigung gerichtet. Dieser Wille ist aus den begleitenden Umständen wie hier und aus der Form der Äußerung zu schließen. Es ist sonach der Strafausschließungsgrund des § 193 nicht gegeben.

19. VI. 02. II, 425.

Nr. 7.

a) **Tatbestand:** Der Bauer Stoll erhob gegen den Sohn der Austräglerin Faller Klage auf Zahlung zweier Darlehen. Die Faller wurde unbeeidigt als Zeugin vernommen. Sie sagte aus, daß ihr Sohn vom Kläger Stoll kein Darlehen erhalten haben könne, weil er mit dem Kläger und dessen Familie in keinem

Verkehre gestanden habe; er sei in dessen Haus nicht gekommen. Auf die Frage des Richters, warum ihr Sohn nicht in das Haus kam, sagte sie — anfangs zurückhaltend —: „**Das Haus des Stoll ist kein gutes, es ist etwas verrufen**" und fügte auf richterlichen Vorhalt bei: „**Die Töchter geben sich mit allen Mannspersonen ab, die Burschen gehen Tag und Nacht bei ihnen aus und ein.**"

b) **Urteil:** Die Austräglerin Faller wurde freigesprochen.

c) **Gründe:** In der zeugschaftlichen Aussage der Faller liegt eine üble Nachrede (§ 186) über den Kläger und dessen zwei Töchter. Daß die Faller bewußt unwahr aussagte, ist nicht bewiesen. Zum Tatbestand eines Vergehens der Beleidigung gehört, daß die beleidigende Äußerung rechtswidrig ist. Rechtswidrig ist sie nicht, wenn der sie machende zu ihrer Offenbarung verpflichtet ist; das gilt auch für den Zeugen. Dieser erfüllte eine ihm gesetzlich obliegende Pflicht, wenn er innerhalb der Grenzen seiner Vernehmung auf Befragen sein volles Wissen zur Sache kundgibt. Dieser **Pflicht** entspricht auch das **Recht,** alles zu sagen, um was der Zeuge vom Richter gefragt wird. Die Faller hat über den Gegenstand ihrer Vernehmung nicht hinaus gegriffen. Auch Zeugenaussagen innerhalb dieser Grenzen können aber als Beleidigung strafbar sein, nämlich dann, wenn aus Form und begleitenden Umständen die Absicht der Beleidigung erkennen lassen. Hier hat die Faller erst auf Drängen des Richters ihre Aussage vervollständigt; es ist nichts zu erkennen, was die Absicht zu beleidigen ersehen läßt.

19. IV. 02. II, 345.

Nr. 8.

a) **Tatbestand:** Zwischen dem Ökonomen Kiefer jun. und dem Schmied Heil hängt ein Prozeß wegen Entschädigung. Von dem beauftragten Landgerichtsrate wurde der Vater des Klägers Kiefer als Zeuge eidlich vernommen. Der anwesende Beklagte Heil äußerte zu dem Zeugen Kiefer sen.: „**Wenn du das sagen kannst, dann hast du falsch geschworen**" und zu dem Richter: „**Kiefer hat falsch geschworen.**" Am Nachmittage äußerte der Beklagte Heil während der Vernehmung weiterer Zeugen, obwohl vom klägerischen Vertreter verwarnt: „**Ich sage es wieder, der alte Kiefer hat falsch geschworen.**"

b) **Urteil:** Der beklagte Heil wurde freigesprochen.

c) **Gründe:** Die Äußerungen enthielten den Vorwurf einer wissentlichen oder wenigstens fahrlässigen Verletzung der Eidespflicht, also eine Tatsache, die geeignet ist, den Kiefer verächtlich zu machen. Heil war sich dieser Eigenschaft seiner Auslassungen bewußt. Dem Heil war es bei seinen Äußerungen darum zu tun, das ihm vom Kläger Kiefer abgesprochene vermeintliche Recht gegen eine ihm durch die Aussage des Zeugen Kiefer sen. drohende Beeinträchtigung zu schützen und zu verteidigen. Die Äußerungen sind vor einer berechtigten Instanz (ersuchten Richter) gemacht. Die Form ließ die Absicht zu beleidigen nicht erkennen wegen Ort und Art der Kundgebung und der geringen Bildung des Heil, die begleitenden Umstände nicht, weil Heil (trotz der Verwarnung des klägerischen Vertreters) doch der Meinung sein konnte, daß er dem Richter gegenüber seine frühere Aufstellung wiederholen und sich überhaupt über die Richtigkeit der Zeugenaussagen auslassen dürfe. Er hat also die beleidigende Äußerung lediglich zur Verteidigung von Rechten und zur Wahrnehmung berechtigter Interessen gemacht.

21. I. 02. II. 215.

Nr. 9.

a) **Tatbestand:** Kaufmann Flock führte einen Neubau auf. Im Gasthaus zur Rose drehte sich die Unterhaltung des Schmiedgesellen Reiß und des Schmiedgehilfen Stepf einige Zeit um diesen Neubau. Reiß erzählte, Flock zahle alle seine Leute gut, nur bei dem Schmiedmeister Heil sei dies nicht der Fall, weil dieser das Pfund Schleudern um 50 Pfg. statt um 25 Pfg. berechnet habe. Stepf nahm sich seines Meisters Heil an und berichtigte, daß Heil das Kilogramm zu 50 Pfg. berechnet habe. Reiß blieb auf seiner Behauptung stehen und sagte: Flock heiße seitdem den Heil nur mehr den Fünfzigpfennigmeister. Stepf sagte darauf: „**Laß mich doch mit dem Flock aus, dem gehört nichts, alles gehört**

seiner Frau" und als Reiß fragte: ob er das gewiß wisse: **„Freilich dem gehört nicht das Schwarz unter dem Nagel, das hab ich gehört"**, und auf weiteres Fragen: **„Dem Flock gehört nicht das Schwarze unter dem Nagel."**

b) **Urteil:** Stepf wurde freigesprochen.

c) **Gründe:** Die Äußerung hat nur den Sinn und die Bedeutung, daß Flock kein eigenes Vermögen besitzt, sondern daß das vorhandene Vermögen Eigentum seiner Frau sei. Der Beisatz bekräftigt die Richtigkeit seiner Darstellung durch ein im Volke gebräuchliches drastisches Bild. Vermögenslosigkeit bedingt nicht den moralischen Minderwert einer Person. Die ungünstige Beurteilung der Vermögensverhältnisse eines anderen ist an sich nicht geeignet, den anderen verächtlich zu machen oder in der öffentlichen Meinung herabzuwürdigen. Es ist also in der Äußerung eine Beleidigung überhaupt nicht vorhanden. Angesichts der obwaltenden Umstände fehlte dem Stepf das Bewußtsein, daß seine Äußerungen die Ehre des Flock kränken können, zumal er dabei einzig und allein bezweckte, seinen Meister gegen das ihm mitgeteilte abfällige Urteil des Flock in Schutz zu nehmen. Stepf zog das redliche Bemühen des Flock, seinen Verpflichtungen nachzukommen, nicht in Zweifel. Seine Äußerungen enthalten keine Herabsetzung des Flock in der Achtung seiner Mitbürger und keine Erschütterung des Vertrauens in seine Redlichkeit und Tüchtigkeit, da die Achtung nicht durch die finanzielle Stellung des Menschen bestimmt wird. — Liegt der Tatbestand einer Beleidigung überhaupt nicht vor, dann fehlt von vornherein die Voraussetzung für die Anwendbarkeit des § 193.

4. I. 02. II, 189.

Nr. 10.

a) **Tatbestand:** Der Bote Held teilte dem Kaufmanne Gerster mit: **der Taglöhner Boldt habe am 16. Februar nachts zwischen 9 und 10 Uhr Kohlen heimgetragen. Gerster solle aufpassen, nachts sei doch kein Geschäft mehr geöffnet.** Auf die Frage des Gerster, ob er glaube, daß die Kohlen von ihm herstammten, sagte Held: **dies wolle er nicht sagen, es wundere ihn aber, wo Boldt sie herbringe. Gerster könne ja aufpassen, wenn er meine, die Kohlen seien ihm entwendet worden.**

b) **Urteil:** Held wurde aus § 186 verurteilt.

c) **Gründe:** Die Auslegung der Äußerungen ist tatsächlicher Natur und entzieht sich der Nachprüfung des Revisionsgerichts. — Der subjektive Tatbestand des § 185 erfordert das Bewußtsein des ehrkränkenden Charakters der Äußerung. Der § 186 erfordert dagegen das Bewußtsein, daß die behauptete Tatsache geeignet sei, den anderen verächtlich zu machen oder in der öffentlichen Meinung herabzuwürdigen. **Dieses** Bewußtsein ist hier festgestellt worden. — Eigene Interessen wahrte Held nicht. Aber die Wahrung der eigenen oder fremden Interessen kann den Schutz des § 193 nur herbeiführen, wenn die Äußerung **zur** Wahrnehmung jener Interessen gemacht ist. Es muß also der Wille des Täters darauf gerichtet sein. Es genügt nicht die Möglichkeit der Wahrnehmung berechtigter Interessen. Beides muß zusammentreffen. — Hier hat aber Held nicht den **Willen** gehabt zur Wahrnehmung berechtigter Interessen zu handeln, sondern den Willen, dem Boldt etwas anzuhängen. Dies wurde festgestellt. Es kann deshalb § 193 überhaupt nicht mehr in Frage kommen.

12. X. 01. II, 87.

Nr. 11.

a) **Tatbestand:** In der Privatklage der Metzgersfrau Walz gegen die Mälzersfrau Sticht wurde die Schmiedsfrau Ringer als Zeugin vernommen. Seitdem standen Ringer und Walz gespannt. Sie kamen einmal auf den Ausgang des Privatklageverfahrens und die Zeugenaussage zu sprechen. Die Schmiedsfrau Ringer (die damalige Zeugin) äußerte gereizt: **„Ich hätte halt einen Meineid schwören sollen,"** worauf die Metzgersfrau Walz erwiederte: **„Sie hätten nur die Wahrheit sagen sollen, dann wäre die Sache beendet gewesen."** — Der Ehemann der Ringer stellte Klage gegen Frau Walz, weil diese geäußert hatte, daß seine Frau trotz des Eides bei der seinerzeitigen Verhandlung die Wahrheit nicht gesagt habe.

b) **Urteil:** Die Metzgersfrau Walz wurde freigesprochen.

c) **Gründe:** Mit der Äußerung: „Ich hätte halt einen Meineid schwören sollen", wollte die Ringer ihrer Meinung Ausdruck geben, daß die (damalige Angeklagte) Walz nichts dagegen gehabt hätte, wenn sie auf Grund eines Meineides obgesiegt hätte. Das ist ein schwerer Vorwurf. Die (damalige Zeugin) Ringer war berechtigt, den Vorwurf **so**, wie sie es tat, zurückzuweisen; darin liegt für sie ein berechtigtes Interesse. Der Inhalt der Zurückweisung war auch geeignet, diese Interessen zu wahren. Form und Umstände sind bei dieser Zurückweisung nicht so, daß die Beleidigungsabsicht hervortritt. Diese Absicht ist nicht identisch mit dem Bewußtsein, daß die Äußerung beleidigen muß. Unter den Voraussetzungen des § 193 darf eine Beleidigung bewußterweise ungestraft ausgesprochen werden. Es konnte § 159 — (Wenn eine Beleidigung auf der Stelle erwidert wird, kann der Richter beide Beleidiger oder einen für straffrei erklären) — nicht angewendet werden, denn der Beleidigung durch Ringer steht eine nach § 193 nicht strafbare Beleidigung durch Walz gegenüber.

30. VI. 03. III, 385.

Nr. 12.

a) **Tatbestand:** Die Bauersfrau Wild ließ bei dem Bauern Zinn auf Grund eines Versäumnisurteils durch den Gerichtsvollzieher pfänden. Zur Abwendung der Vollstreckung zahlte der Bauer Zinn an den Gerichtsvollzieher 400 Mk. und äußerte dabei: „**Die Sache ist lauter Schwindel; das Geld muß ich unschuldig bezahlen. Sie dürfen vorerst das Geld an die Wild nicht ausliefern, bis nicht beim hiesigen Notar gemeinsam abgerechnet ist.**"

b) **Urteil:** Der Bauer wurde freigesprochen.

c) **Gründe:** Die Äußerung stellt objektiv eine Beleidigung dar; sie ist von dem Bauern Zinn im Bewußtsein ihres ehrenkränkenden Charakters gebraucht worden. Der Bauer Zinn hat sie aber zur Wahrnehmung von Interessen gemacht, deren Wahrnehmung rechtlich erlaubt gewesen ist, da er mit dem Ausdrucke Schwindel, nur hat besagen wollen, daß die Bäuerin Wild unter Verletzung von Normen des bürgerlichen Rechts und unter Verschweigung von Vereinbarungen, durch der sie sich hätte gebunden erachten müssen, gegen ihn vorgeht. Auch wenn nicht wahr ist, daß zwischen beiden vereinbart war: es solle jede Vollstreckung bis nach der Abrechnung unterbleiben, hat der gepfändete Bauer dennoch berechtigte Interessen zu wahren gehabt oder er hat wenigstens der Meinung sein können, daß er solche wahren müsse, weil ihm in der Tat damals eine Gegenforderung zustand, die er noch nicht gerichtlich geltend gemacht hatte, hinsichtlich deren er aber annehmen durfte, daß sie der Gegenpartei bekannt war. Aus dem Zusammenhange, in dem der Bauer die Äußerung machte, und aus dem Ersuchen an den Gerichtsvollzieher, ist zu folgern, daß es dem Bauern nur um die Wahrung seiner Vermögensinteressen zu tun war. Hierbei kommt auch in Betracht, daß durch die ungünstige Vermögenslage der Bäuerin Wild Gefahr bestand, daß der Bauer seine Gegenforderung nicht bekommen werde. Aus Form und Umständen geht die Absicht zu beleidigen hier nicht hervor. — Die Äußerung ist dem Gerichtsvollzieher als vertraulich gemacht Aber das Vergehen der Beleidigung ist vollendet, sobald die beleidigende Kundgebung mit dem Willen des Täters zur Kenntnis eines anderen gelangt — anders der reine Monolog! —. Es wäre aber wohl der Fall denkbar, daß die Vertraulichkeit der Kundgebung als ein gegen die Vorsätzlichkeit sprechender Umstand gewürdigt werden kann (II, 298). Auch vertrauliche Äußerungen im Familienkreise müssen sich auf berechtigte Interessen berufen können, um straffrei zu sein (VII, 197).

8. IV. 03. III, 280.

Nr. 13.

a) **Tatbestand:** Zwischen dem Wirt Huber und einem Gaste Rauch kam es zu Auseinandersetzungen. Der Gast lud den Wirt zum städtischen Sühneamt. Dort kam ein Vergleich zustande. Der Wirt bedauerte die gebrauchten Ausdrücke und gestand die Veröffentlichung des Vergleichs zu, zumal der Gast erklärt hatte — worauf der Wirt wegen der übrigen Gäste großes Gewicht legte —, daß er die Wirtschaft nicht mehr betreten werde. Der Gast veröffentlichte den Vergleich in der Zeitung. Der Wirt ließ sofort in die Zeitung eine Erklärung des Inhalts drucken, daß er die Veröffentlichung des Vergleichs nur deshalb zugestanden habe, weil der Gast auf sein Verlangen ausdrücklich erklärt habe, die Wirtschaft zu meiden. Der Gast erklärte seinerseits, daß die Erklärung des Wirts auf absoluter Unwahrheit beruhe. Wie oben schon erwähnt, hatte der Gast die Erklärung des Nichtmehrbetretens gegeben. Er wollte nun wissen, wie sich der Wirt dazu stellen würde, wenn er die Wirtschaft doch besuchen würde. Er begab sich mit einem Freunde, der von der Sache nichts wußte, in die Wirtschaft. Beiden wurde von der Kellnerin Bier vorgestellt. Bald darauf nahm aber die Kellnerin dem Rauch das Glas wieder weg und der Wirt, der an den Tisch sofort herantrat, sagte in anständiger Weise zu Rauch: **„Sie wissen, daß Sie von mir nichts mehr bekommen, verlassen Sie mein Lokal."** Der Gast Rauch entgegnete: „Das wollte ich nur wissen" und entfernte sich.

b) **Urteil:** Der Wirt wurde freigesprochen.

c) **Gründe:** Es ist die Frage, ob in der Ausweisung aus der Wirtschaft objektiv eine Verletzung der Ehre des Rauch liegt und ob dann der Wirt vielleicht das Recht hat, von dieser Ausweisung Gebrauch gemäß § 193 zu machen. — Der Eigentümer einer Sache (auch eines Lokales) kann andere von jeder Einwirkung (also auch Betreten) auf sie ausschließen, soweit nicht das Gesetz oder Rechte Dritter entgegenstehen (§ 903 BGB.) Ein solches Recht kann durch die Vorschriften des bürgerlichen und öffentlichen Rechtes begründet sein. So kann dem Käufer eines Getränkes zum Genuß auf der Stelle, die Einwilligung des Wirtes zum Verweilen in der Wirtschaft und somit ein Vertragsrecht geschaffen sein. So kann ferner die Pflicht des Mieters zur Duldung des Verweilens einer Person in seinen Geschäftsräumen aus Art. 144 des Polizeistrafgesetzbuchs abgeleitet werden, der besagt, daß er bei Strafmeidung vorhandene Vorräte gegen Zahlung ohne genügenden Entschuldigungsgrund nicht verweigern darf. Im vorliegenden Fall war das Verfügungsrecht des Wirtes über sein Lokal nicht beschränkt. Dem Gast war das Bier wieder weggenommen worden; er hatte also keines zu trinken. Der Wirt hatte auch einen genügenden Entschuldigungsgrund, dem Gaste Rauch die Abgabe von Getränken zu verweigern, da Rauch selbst erklärt hatte, diese Wirtschaft nicht mehr zu betreten, und eben diese Erklärung eine Hauptgrundlage war, daß bei dem Vergleiche die Veröffentlichung der gütlichen Auseinandersetzung zugestanden wurde. Der Wirt konnte also sein Hausrecht geltend machen, ohne daß dies eine Beleidigung enthielt. Dies wäre nur der Fall, wenn das Hausrecht in einer Weise und unter Verhältnissen vorgenommen worden wäre, daß dem Gast die Absicht zu beleidigen verständlich wurde. Aber dies ist nicht so vor sich gegangen, und die Form war anständig und angemessen.
26. III. 03. III, 255.

Nr. 14.

a) **Tatbestand:** Der Ziegeleipächter Reiser sah eines Abends nach 8 Uhr in der Nähe des Bahnwärterhauses des Bahnwärters Knoll einen Mann auf dem Bahnkörper gehen. Er schrie dem Knoll zu: **„Komm heraus, Bahnwärterle, da geht einer die Bahn herunter, ich und meine Tochter dürfen auch nicht auf der Strecke gehen, das würdest Du anzeigen."** Es wurde Anklage wegen groben Unfugs erhoben. Das Schöffengericht sprach ihn frei. Der Bahnwärter legte Berufung ein und schloß sich der öffentlichen Klage wegen einer mit dem groben Unfug ideal konkurrierenden Beleidigung nach § 185 als Nebenkläger an.

b) **Urteil:** Reiser wurde freigesprochen.

c) **Gründe:** Grober Unfug war nicht gegeben, da insbesondere das Moment einer gegen die Allgemeinheit gerichteten Handlung nicht vorliegt. — In den Äußerungen des Reiser kann objektiv eine gegen die Ehre des Bahnwärters gerichtete Kundgebung nicht erblickt werden. Ob eine Kundgebung objektiv sich als Beleidigung darstellt, hängt wesentlich von den Umständen des Falles ab. Hier kann nun von dem Ausdruck einer Mißachtung des Bahnwärters nicht gesprochen werden. Verkleinerungsformen, wie Bahnwärterle, werden im Dialekte und in der volkstümlichen Ausdrucksweise unter wenigsgebildeten Leuten sehr häufig gebraucht. Der Angeklagte hat dieses Wort möglicherweise infolge einer durch den früheren Verkehr hervorgerufenen Vertraulichkeit oder in einer harmlosen, scherzhaften Anspielung auf den bestehenden Unterschied in der Körpergröße gebraucht. Auch ist das Duzen im Volksverkehre vielfach, selbst unter ganz fremden Leuten, üblich. Da also die Äußerung objektiv nicht geeignet war, zu beleidigen und somit der Tatbestand einer Beleidigung ausgeschlossen ist, brauchte die Frage des subjektiven Tatbestandes überhaupt nicht erörtert werden. — Selbst wenn in den Worten der Vorwurf einer gewissen Parteilichkeit gefunden wird, hatte Reiser doch ein berechtigtes Interesse, den Bahnwärter Vorhalt über die ungleiche Behandlung zu machen, die ihm und seinen Angehörigen im Verhältnisse zu anderen auf dem Bahndamme gehenden Personen zu teil wurde. Aus Form und Umständen ergibt sich auch kein Anhaltspunkt für die Absicht einer Beleidigung.

22. VII. 02. III, 117.

Nr. 15.

a) **Tatbestand:** Die Viehhändler Eder und Ortner fochten einen Prozeß aus. Als der Beklagte Ortner, vom Richter dazu aufgefordert, die Darstellung der Sache in seinem Sinne gab, fuhr Eder in erregtem Tone mit den Worten dazwischen: **„Das ist lauter Lug und Trug!"** Der Vorsitzende rügte die Äußerung, wegen der Ortner den Eder bald darauf verklagte.

b) **Urteil:** Der Viehhändler Eder wurde freigesprochen.

c) **Gründe:** Die Äußerung enthält den Ausdruck der Mißachtung und ist an sich beleidigend. Der sie gebrauchende Viehhändler Eder ist sich dieser Eigenschaft seiner Kundgebung bewußt gewesen. Objektiv und subjektiv liegt also eine Beleidigung vor. Als aber Eder die Äußerung machte, handelte er zur Verteidigung von Rechten und zur Wahrnehmung berechtigter Interessen. Er hatte seine zur Klagebegründung geeigneten Behauptungen zu vertreten und jenen des Gegners zu widersprechen, um seinen Anspruch durchzusetzen und die Verurteilung des Gegners zu erzielen. Zu diesem Zwecke hat er geäußert, das Vorbringen des Gegners sei lauter Lug und Trug. Er wollte daneben nicht noch den Zweck der Beleidigung des Gegners. Der Ausdruck ist zwar scharf, aber nicht von der Art, daß aus ihm das Vorhandensein einer Beleidigung ohne weiteres sich ergibt. Er ist eine im Munde des Volkes geläufige Wortverbindung, durch die eine Behauptung oder Erzählung in bestimmter Weise als unwahr erklärt werden soll, ohne daß dabei die Nebenabsicht einer Beleidigung obwaltet. Eder hat auch keine besonders feinen Umgangsformen, die Empfindung für schärfere Redewendungen ist bei der Bevölkerungsklasse des Eder ziemlich abgestumpft. Der erregte Ton ist aus der Veranlassung der Äußerung erklärlich. Die Absicht zu beleidigen ergibt sich auch aus dem sonstigen Verhalten des Eder nicht, insbesondere nicht aus seinen Bewegungen bei der Kundgebung. Als begleitender Umstand kommt vielleicht auch die plötzliche Unterbrechung des Gegners in Betracht. Das ist zwar eine Ungebühr, aber noch kein Beweis der Absicht zu beleidigen.

5. XII. 03. IV, 156.

Nr. 16.

a) **Tatbestand:** In der Zeitung erschien ein „Eingesandt". In diesem wird geklagt, daß die Garnisonsverwaltung einen Schreiner, der jüngst den Offenbarungseid geleistet hatte, auf Empfehlung eines Vizefeldwebels zur Submission auf 200 Schränke zugelassen hatte. Es wird in dem Artikel ausgeführt, daß der Schreiner natürlich das niederste Angebot eingereicht habe. Um den Preis von 14 Mk. 20 Pfg. könne ein entsprechender Schrank ohne Verlust nicht hergestellt werden, aber der betr. Schreiner habe nichts zu verlieren. **Es sei zu bedauern, daß die Verwaltung solchen Schundangeboten Rechnung trage,** sie solle einen Teil der Arbeiten den Innungen übertragen.

b) **Urteil:** Der Redakteur wurde freigesprochen.

c) **Gründe:** Als Kern des Artikels ist die Behauptung zu erachten, daß um den genannten Preis kein Schrank geliefert werden könne und daß daher ein solches Angebot ein Schundangebot sei. Es sind also behauptete Tatsachen in Frage, nicht ein Urteil. „Schundangebot" enthält zwar ein Urteil über das Geschäftsgebaren, aber es handelt sich um Beurteilung einer bestimmten, konkreten Handlung des Schreiners. Der Ausdruck bezieht sich auf den speziell bezeichneten Vorfall bezüglich der Unterpreise. Also kommt § 186 in Frage, während § 185 nur allgemeine Urteile und Reflexionen trifft. Die Behauptung der genannten Tatsachen sind nur strafbar, wenn die Tatsachen nicht erweislich wahr sind. Alle Behauptungen des Redakteurs wurden als wahr erwiesen. Trotzdem könnte der Redakteur aus § 185 gestraft werden, falls Form und Umstände die Beleidigungsabsicht erkennen lassen, § 192. Aber das Eingesandt bezweckte nur einen Mißstand zu besprechen und die persönlichen Behauptungen (Offenbarungseid!) gehörten zur Vervollständigung der Schilderung des Schreiners; der Ausdruck „Schundangebot" sollte nicht sagen, daß tatsächlich Schund geliefert wurde, sondern daß um den angebotenen Preis ohne Verlust nicht bedingungsgemäß geliefert werden konnte. Also auch keine Bestrafung aus § 185! Da also die Voraussetzungen der §§ 185 und 186 fehlen, kann § 193 überhaupt nicht in Betracht kommen.

7. XII. 03. IV, 159.

Nr. 17.

a) **Tatbestand:** Der Dienstherr Noll stellte seine zwei Mägde, weil sie zu spät zur Feldarbeit kamen, mit den Worten zur Rede: **„Ihr Raschen, schämt Ihr Euch denn gar nicht? Zuerst geht Ihr zum Beichten, dann bärt Ihr umeinander und begeht einen Gottesraub."**

b) **Urteil:** Der Dienstherr wurde freigesprochen.

c) **Gründe:** Die Äußerung ist ein Angriff auf die geschlechtliche Ehre und das religiös-sittliche Verhalten der Mägde, also: Beleidigung nach § 185 StGB. Es liegt eine „Rüge" des Vorgesetzten vor oder ein „ähnlicher Fall" nach § 193. (Art. 19 AG. z. BGB. und Art. 106 Abs. I Ziff. 7 PStGB. schreiben für den Dienstboten Gehorsam, anständige Führung und Achtung vor.) Nicht alle in Rügeform gekleidete Äußerungen des Dienstherrn schützt § 193, sondern nur solche, die in der Tat den Zweck verfolgen, die Verletzung einer aus dem Dienstverhältnis entspringenden Pflicht des Dienstboten zu rügen. Dies ist hier gegeben. Noll wollte die Nichteinhaltung der Arbeitsstunden rügen und wegen unsittlichen und irreligiösen Verhaltens tadeln. Ob dieser Tadel gerechtfertigt war, ist unerheblich, sofern er nur von Noll für gerechtfertigt gehalten wurde. Dieser hatte aber im allgemeinen Grund, seinen Tadel für berechtigt zu halten, da das Verhalten der Gerügten in sittlicher Beziehung nicht einwandfrei war. Einzelne Tatsachen waren dem Noll zur Zeit seiner Äußerungen nicht bekannt. Die Form und die Umstände der beleidigenden Äußerung sind hier nicht Grund zur Bestrafung, weil in bäuerlichen Kreisen und bei Personen vom Bildungsgrade des Noll eine derbe Ausdrucksweise üblich ist.

26. I. 04. IV, 205.

Nr. 18.

a) **Tatbestand:** Knappschaftsarzt Dr. Katz behandelte den Bergmann Reiser. Wegen einer Reise übertrug er die Behandlung dem Dr. Boll. Dieser besuchte noch am gleichen Tage den Reiser. Gleichzeitig stellte Dr. Katz den Dr. Seitz als seinen Vertreter bei der Knappschaft auf, gab ihm von der Erkrankung des Reiser Kenntnis, eröffnete ihm, daß er den Reiser ins Lazaret schaffen lassen und mit Dr. Boll deshalb ins Benehmen treten solle. Den Dr. Boll benachrichtigte er von der Aufstellung des Dr. Seitz nicht. Dr. Seitz besuchte nun Reiser. Er schickte zu Dr. Boll, mit dem er auf gespanntem Fuße stand, und ließ ihn zu Reiser bitten. Dr. Boll sagte anfangs zu, als er aber sich erinnerte, daß der ihn holende Arzt jedenfalls Dr. Seitz sei, ließ er erwiedern: wenn Dr. Seitz etwas wolle, solle er zu ihm kommen. Im Wirtshaus äußerte er: **„Das geht zu weit; solch ein Benehmen ist unkollegial: ich werde den Dr. Seitz ehrengerichtlich belangen."**

b) **Urteil:** Dr. Boll wurde freigesprochen.

c) **Gründe:** Die Äußerung ist beleidigend und mit dem Bewußtsein ihres beleidigenden Charakters gemacht. Dr. Boll hatte ein berechtigtes Interesse, daß sich kein anderer Arzt zu Reiser herandrängt. Dr. Seitz hat sich nicht herangedrängt, sein Besuch war berechtigt, weil ihn Dr. Katz dazu bestimmt hatte. Dr. Seitz wußte letzteres nicht. Er hielt Tatsachen, die ein berechtigtes Interesse für ihn zu begründen geeignet waren,

irrtümlich als gegeben. Mit seinen Äußerungen wollte er sein vermeintliches Interesse wahren. Er war allerdings im Irrtum; der Irrtum war auch vermeidbar, aber dies ist gleichgültig. Übrigens hätte Dr. Seitz nach ärztlichem Brauche den Dr. Boll zur gewünschten Konferenz **vor** seinem Krankenbesuch einladen sollen. Der Zweck der Äußerung ist Wahrnehmung berechtigter Interessen; ob sie hierzu unnötig und undienlich war, sowie ob noch andere Wege offen standen, ist gleichgültig. Die Form und Umstände (z. B. Wirtshaus!) lassen ihrerseits auf eine Beleidigung hier nicht schließen.
1. II. 04. IV, 211.

Nr. 19.

a) **Tatbestand:** Die Zeitung brachte einen Artikel „Ein recht eigentümlicher Vorfall". Es sollten angeblich die drei Kinder einer Witwe heimlich und gewaltsam in die Erziehungsanstalt eingeschafft worden sein und zwar wegen nicht genügenden Anhaltens zum Schul- und Kirchenbesuch und wegen Bettels. Die Gründe sollen nach dem Artikel unzutreffend sein aber der Pfarrer habe es so gewollt usw.

Der Pfarrer und der Bürgermeister sandten eine Berichtigung, in der die Maßregel verteidigt und behauptet wurde:

1. **daß die Mutter seit langen Jahren ein höchst scham- und sittenloses Leben führte, Ehebruch und Gewerbsunzucht betrieb,**
2. **daß die Mutter wegen Bettelschickens ihrer Kinder bestraft und wegen Schulversäumnisse ihrer Kinder angezeigt wurde,**
3. **daß sie gedroht haben soll, die Kinder eher zu vergiften.**

Diese Berichtigung wurde nicht aufgenommen, weshalb **öffentliche** Klage erhoben wurde.

b) **Urteil:** Der Redakteur wurde wegen Übertretung der §§ 11 und 19 des Gesetzes über die Presse vom 7. V. 74 verurteilt.

c) **Gründe:** Die Berichtigung ist von den „Beteiligten" verlangt, beschränkt sich auf tatsächliche Angaben und hat keinen strafbaren Inhalt. Letzteres könnte der Fall sein nur in obigen 3 Begründungen. Der Redakteur muß die Berichtigung aufnehmen, wenn sie keinen strafbaren Inhalt hat. Letzteres ist der Fall, wenn überhaupt objektiv nichts strafbares vorliegt, oder wenn trotz des beleidigenden Inhalts ein Schuld- oder Strafausschließungsgrund gegeben ist. Die Entscheidung ist für den Redakteur oft schwierig.

Im vorliegenden Falle waren die **Einsender** der Berichtigung angegriffen worden. An einer Richtigstellung haben sie als Beteiligte ein berechtigtes Interesse. Sie mußten dabei darstellen, wie die im Artikel berührten Verhältnisse nach ihrer Kenntnis tatsächlich gelagert waren, und was die angeblich so unerhört behandelte Witwe für eine Person ist. Zu diesem Zwecke haben sie die an sich beleidigenden Äußerungen gebraucht und ihre Auslassungen also zur Wahrnehmung berechtigter Interessen gemacht. Form und Umstände lassen die Absicht einer Beleidigung nicht erkennen.

Aber auch dem Redakteur wäre § 193 zur Seite gestanden, wenn er die Berichtigung aufgenommen und die **Witwe** ihn verklagt hätte. Er hätte durch Abdruck der Einsendung seine eigenen Interessen und die der Einsender wahrgenommen. Er hatte ja ein rechtlich erlaubtes Interesse, sich aus der Lage zu befreien, in die er durch Veröffentlichung des Artikels gekommen war. Bei der Aufnahme der Berichtigung hätte eine beleidigende Absicht nicht angenommen werden können. Die Einsender und der Redakteur befanden sich sozusagen in Notwehr oder im Notstand.

Im vorliegenden Falle hat der Redakteur nicht im guten Glauben die Aufnahme der Berichtigung verweigert, er mußte den § 193 kennen, zumal er schon wegen Beleidigung vorbestraft ist.
25. II. 04. IV, 241.

Nr. 20.

a) **Tatbestand:** Bei Frau Noder ist eine Magd, namens Kathi Huber. Diese wollte das ihr zum Essen verabreichte, durchaus einwandfreie Fleisch dem Hunde geben. Die Aushelferin nahm ihr deshalb das Fleisch weg und erzählte den Vorfall der Dienstherrin. Diese sagte: **„Schau nur grad, wie dumm das Weiberleut ist; die gibt das Fleisch dem Hund und ich muß das Pfund um 65 Pfg. kaufen."**

b) **Urteil:** Die Dienstherrin wurde freigesprochen.

c) **Gründe:** Die Äußerung ist inhaltlich beleidigend und mit dem Bewußtsein des ehrkränkenden Charakters gemacht. Das Verhalten des Dienstboten mit dem Fleische erzeugt für die Dienstherrschaft die Berechtigung zu einem dieses Verhalten tadelnden Urteile. Es liegt ein sog. „ähnlicher Fall" nach § 193 vor. Die Entscheidung der Frage, ob aus der Form einer Äußerung oder aus den Umständen, unter denen sie geschah, die Absicht zu beleidigen hervorgeht, erfolgt auf dem Gebiete der Tatsachen. Der Gebrauch eines Schimpfwortes enthält nicht unter allen Umständen eine strafbare Beleidigung. Die Angeklagte hat keinen besonderen Bildungsgrad, ihre Ausdrucksweise ist im allgemeinen nicht besonders fein. Sie hat also mit der gebrauchten Äußerung die Grenzen einer berechtigten Kritik nicht überschritten. Die Äußerung wurde mit Recht der Person gegenüber gemacht, die den Vorfall mitgeteilt hat.

30. III. 04. IV, 304.

Nr. 21.

a) **Tatbestand:** Die Grenze zwischen den Anwesen des Ökonomen Keller und des Bäckers Scheibl war streitig. Keller ersuchte im Mai den Geometer um Vermessung. Im Oktober geschah diese. Sie fiel zu Gunsten des Bäckers Scheibl aus. Frau Keller war damit unzufrieden und schrieb an die „Messungsbehörde München" einen Brief. Sie behauptete: **Der Bezirksgeometer hat schon im Mai versprochen zu messen, ist aber nicht gekommen, sondern hat alle möglichen Ausreden gemacht und die Grenze so ausgesteckt, wie Scheibl es haben wollte; ich bitte die Sache nachzusehen, weil ich der Meinung bin, der Geometer ist von Scheibl abgeschmiert worden.**

b) **Urteil:** Die Frau wurde verurteilt.

c) **Gründe:** Die Behauptungen enthalten den Vorwurf, daß der Geometer unter Verletzung seiner Amtspflicht absichtlich zu Gunsten des Scheibl die Grenze bestimmte und sich dafür bezahlen ließ (Bestechung). § 186. Frau Koller hat zur Wahrung berechtigter Interessen gehandelt als sie sich, wegen der Verzögerung beschwerte. Sie hat wahrheitsgemäß diese berichtet. Aber es war ihr hauptsächlich darum zu tun, ohne Rücksicht auf den Erfolg der Beschwerde, zur Befriedigung ihrer Rachsucht den Beamten in seiner Ehre zu kränken, und zwar dadurch, daß sie den charakteristischen, den Beigeschmack größter Niedertracht enthaltenden, jedermann verständlichen Ausdruck „abschmieren" gebrauchte. Sie hatte also die Absicht, zu beleidigen. Es ist hierbei belanglos, daß sie die Redewendung gebrauchte: sie sei der Meinung. Frau Koller wußte auch, daß der Ausdruck „abschmieren" geeignet ist, einen Beamten verächtlich zu machen und in der öffentlichen Meinung herabzuwürdigen. Überdies hat dieser Ausdruck überhaupt ganz allgemein diese Wirkung. Gerade um zu beleidigen, wählte sie auch diesen Ausdruck. Von Wahrung berechtigter Interessen kann also keine Rede mehr sein.

9. VII. 04. IV, 396.

Nr. 22.

a) **Tatbestand:** Der ehemalige Buchhalter der Auskunftei „Reform" klagte gegen seinen Chef eine Forderung ein. Der Rechtsanwalt des Beklagten Chefs brachte in der Verhandlung — zur Ausführung von Rechten des Beklagten — vor: der Chef habe dem Buchhalter gekündigt, weil sich ergeben habe, daß **der Buchhalter einen großen Teil der ihm anvertrauten Briefmarken für sich selbst verwendet habe.** Wegen dieser Veruntreuung sei auch schon Anzeige erstattet worden.

b) **Urteil:** Der Chef wurde aus § 187 verurteilt.

c) **Gründe:** Die behauptete Tatsache wurde nicht erwiesen. Sie ist auch wider besseres Wissen gemacht — nicht vom Rechtsanwalt, aber vom Chef. Dieser hat seinem Anwalt die bezügliche Information erteilt. Der Anwalt hat mit dem Willen seines Auftraggebers die Behauptung der Veruntreuung in der Sitzung vorgebracht. Strafrechtlich verantwortlich ist der Auftraggeber (Chef). Der Anwalt, der hier zur Ausführung der strafbaren Handlung benützt wurde, ist zwar nicht ein willenloses Werkzeug, aber er handelt ohne Deliktswillen. (Mittelbare Täterschaft.) In der Person des Anwalts ist das Erfordernis der Rechtswidrigkeit der Äußerung nicht gegeben, er kommt aber als Vermittler einer Kundgebung in Betracht und zwar einer rechtswidrigen insofern, als der Chef mit Aufstellung unwahrer Mitteilungen den Zweck der Rechtsverteidigung nicht verfolgen konnte und durfte. Die Beleidigung war übrigens bereits durch die Mitteilung des Chefs an seinen Anwalt vollendet (unmittelbare Beleidigung). Die dann noch durch den Anwalt wiederholte Beleidigung (mittelbare Beleidigung) bildet mit ersterer wohl **eine** Handlung, so daß es sich nicht um zwei selbständige Beleidigungen handelte. Da es sich um eine Beleidigung wider besseres Wissen handelt, kommt § 193 überhaupt nicht in Frage.

19. IIV. 04. V, 5.

Nr. 23.

a) **Tatbestand:** Es ging in der Stadt das Gerücht, daß der Schuhwarengeschäftsinhaber Emil Leiß Waren verramsche. Ein Schuhwarenagent erkundigte sich bei einem Schuhwarengeschäftsinhaber Leonhard Ach, der in der gleichen Straße wie Leiß wohnte. Ach erzählte: es habe ihm ein Reisender mitgeteilt, daß er bei Leiß Schuhe weit unter dem Werte zum Verramschen gekauft habe, und der Reisende habe beigesetzt, **Leiß ramsche so lang bis er selbst verramscht werde.** Ach fügte bei, er habe selbst bei Leiß einige Kisten fortschaffen sehen.

b) **Urteil:** Der Schuhwarengeschäftsinhaber Ach wurde freigesprochen.

c) **Gründe:** „Verramschen" ist eine Beleidigung. Es wird dadurch behauptet, daß Leiß gute neue Waren zu geringen unter dem Anschaffungspreise bleibenden Preisen verkaufte. Man versteht darunter ein unreelles Geschäftsgebaren, das lediglich den Zweck verfolgt, dem Ramscher auf Kosten des unbezahlt bleibenden Lieferanten eine Geldquelle zu eröffnen (§ 186). Geschädigt wird dadurch der reelle Händler, der seine Preise nicht so niedrig stellen kann, wie ein den Lieferanten oder Fabrikanten nicht bezahlender Konkurrent. Ach hat dem Agenten als dem Vertreter der Schuhfabrikanten zur Wahrnehmung berechtigter Interessen vom Verramschen Mitteilung gemacht, um von ihm Nachteile abzuwenden. Ach hatte auch ein eigenes Interesse, den Leiß als den richtigen Ramscher zu bezeichnen, da er selbst sein Geschäft in der gleichen Straße hatte und Verwechslungen nicht ausgeschlossen waren. Sein Interesse stellt sich also — bei billiger, verständiger Beurteilung der konkreten Sachlage — was immer zu erwägen ist — als berechtigt dar. Er durfte den Verdacht des Ramschens von sich abwenden, indem er — seinem guten Glauben entsprechend — den Leiß als Ramscher bezeichnete. Ach war im guten Glauben, der aber nicht Voraussetzung der Anwendung des § 193 ist. Der Mangel des guten Glaubens könnte allenfalls als Anzeichen dafür in Betracht kommen, daß Ach mit seinen Äußerungen nicht den Zweck der Wahrnehmung berechtigter Interessen verfolgte.

29. IX. 04. V, 45.

Nr. 24.

a) **Tatbestand:** In einer Wirtschaft nannte Abel den abwesenden Institutsvorsteher Dietl wiederholt einen unverschämten Kerl. Boll nahm sich des mit ihm durch Freundschaft verbundenen Dietl an und erklärte, als Abel mit seinen Angriffen fortfuhr: „**Sie sind ein Meuchler; Sie haben eine Haut so dick wie Leder; Sie greift nichts an; Sie brauchen mich künftig nicht mehr zu grüßen.**"

b) **Urteil:** Boll wurde freigesprochen.

c) **Gründe:** Die Äußerungen des Boll sind beleidigend. Aber Boll handelte zur Wahrnehmung der berechtigten Interessen seines abwesenden Freundes, indem er in seiner begreiflichen Entrüstung über das Gebaren des Abel die gegen den **abwesenden** Freund gerichteten ehrenkränkenden Angriffe mit dem Ausdrucke „**Meuchler**" zurückwies. Diesen Zweck verfolgte auch die Kundgebung, seines Urteils über das maßlose, beleidigende Vorgehen des Abel, ohne daß aus Form und Umständen das Vorhandensein einer Beleidigung hervorgeht. Die Freundschaft beider war ein Verhältnis, das den An-

griff des Abel als eine den Voll nahe angehende Sache erscheinen läßt. Eine tadelnde Zurechtweisung verstößt hier weder gegen die gute Sitte noch gegen das Recht.
28. XII. 04. V, 189.

Nr. 25.

a) **Tatbestand:** In einer Beleidigungssache zwischen einer Konditorsfrau Klein und einer Metzgersfrau Groß wurde die Händlerswitwe Kalb und der Mann der Metzgersfrau als Zeugen vernommen. Als die Händlerswitwe Kalb als Zeugin aufgerufen wurde, äußerte der Metzger Groß: **„Die Zeugin soll wegen Meineids bestraft sein.“** Auf die Frage des Richters, woher er das wisse, sagte er: „Von den Leuten.“

b) **Urteil:** Der Metzger Groß wurde freigesprochen.

c) **Gründe:** Es ist eine Tatsache nach § 186 behauptet worden, d. h. ein konkretes Handeln, ein Vorgang, der darauf geprüft werden kann, ob er sich zugetragen hat oder nicht. Der Metzger hat die Interessen seiner Frau gewahrt, also die Interessen eines Dritten, mit dem er durch nahe Beziehungen verbunden ist, und zwar durch solche Beziehungen, die es bei billiger Beurteilung als gerechtfertigt erscheinen lassen, daß er die Sache dieses Dritten als seine eigene ansieht. Er war also der Vertreter berechtigter Interessen seiner Frau. Diese war aber als Partei in diesem Streite berechtigt, den Richter darauf aufmerksam zu machen, daß ein zu vernehmender Zeuge wegen Meineids bestraft sein soll. Dieser letztere Umstand ist ja für die Beurteilung der Glaubwürdigkeit des Zeugen und für die Zulässigkeit seiner Beeidigung von Bedeutung.
1. IV. 05. V, 347.

Nr. 26.

a) **Tatbestand:** Die Brauereibesitzersfrau Bach teilte ihrer Wäscherin mit: **sie habe im Zimmer ihres Dienstmädchens auffällig blutige Wäsche gefunden; sie hege deshalb den Verdacht, das Dienstmädchen sei die Mutter des nach einer Zeitungsnachricht jüngst im Maine als Leiche gefundenen Kindes.** Sie beauftragte die Wäscherin, zum Bezirksarzt zu gehen und ihn zu einer Untersuchung des Dienstmädchens zu veranlassen. Die Wäscherin traf den Arzt nicht und richtete den Auftrag seiner Frau aus. — Noch am gleichen Tage erzählte die Bach dasselbe einer ihrer Hausgenossinnen. Und wieder am gleichen Tage machte sie davon Mitteilung dem Polizeisoldaten und forderte ihn zur Anzeige bei der Gendarmerie auf. Sie fügte hier bei, daß außer der Wäsche noch andere Anzeichen vorliegen: Brechdurchfall, schlechtes Aussehen, Weigerung zum Arzt zu gehen. — Die Untersuchung ergab, daß die Möglichkeit einer Geburt ausgeschlossen ist.

b) **Urteil:** Die Brauereibesitzersfrau wurde freigesprochen.

c) **Gründe:** Es liegt die Behauptung einer nicht erweislich wahren Tatsache vor, die geeignet ist, das Dienstmädchen in der öffentlichen Meinung herabzuwürdigen. Diese Tatsache ist von der Brauereibesitzersfrau als Gegenstand ihrer eigenen Überzeugung hingestellt. Das Bewußtsein, daß solche Tatsachen herabzuwürdigen geeignet sind, hatte die Brauereibesitzersfrau. Sie war überzeugt, daß das Dienstmädchen die Mutter des Kindes sein könne, da die erwähnten Umstände darauf hinzeigten und die Zeit stimmte. Die Anzeige an die berufene Behörde (Bezirksarzt, Polizei) ist zur Wahrnehmung eines berechtigten Interesses gemacht worden, weil die von der Anzeigenden gewollte Ermittlung und Bestrafung zur Aufrechterhaltung der Rechtsordnung dient. Auch das Gespräch mit der Hausgenossin hat zur Vorbereitung der Anzeige gedient, obwohl die Anzeige an den Bezirksarzt schon vorausgegangen war. Die Brauereibesitzersfrau hat das, was sie im Gespräch mit der Hausgenossin noch erfuhr, für die Anzeige beim Polizeisoldaten verwertet. Die Anzeigende handelte im Interesse der Allgemeinheit. Sie handelte im eigenen besonderen Interesse, wenn sie Anstalten traf, die ermitteln sollten, ob ihre Dienstmagd nicht eine Verbrecherin sei.
16. V. 05. V, 425.

Nr. 27.

a) **Tatbestand:** Der Wirt Kummer kaufte von dem Ackerer Grün ein Pferd. Der Wirt klagte gegen den Verkäufer auf Wandelung des Kaufvertrages, weil das Pferd — entgegen der Zusicherung — nicht stallfromm war und weil es an Koller litt. Während des Prozesses erhielt der Verkäufer Grün durch den Brief eines Maurers davon Kenntnis, daß der Käufer Kummer dem Pferde Haber in Unmasse gegeben habe und das Pferd gewaltsam zum Schlagen gereizt habe. Zur Vernehmung des betreffenden Zeugen kam es nicht, da die Wandelungsklage ohnedies abgewiesen wurde. Der Ackerer hatte also gesiegt. Er teilte dies auf Frage einem Dritten mit und fügte bei, **daß der klagende Käufer, um den Prozeß zu gewinnen, das Pferd durch künstliche Mittel zu einem Ausschläger gemacht und dann behauptet habe, es sei schon beim Kauf ein Ausschläger gewesen.**

b) **Urteil:** Der Ackerer wurde verurteilt.

c) **Gründe:** Die behauptete Tatsache ist eine solche, die geeignet ist, den Wirt in der öffentlichen Meinung herabzuwürdigen. Das wußte der Ackerer. Es ist aber das nicht gleich mit der Absicht zu beleidigen. Auch ohne letztere kann strafbare Beleidigung vorliegen. Der Wahrheitsbeweis für die behauptete oder verbreitete Tatsache ist nicht erbracht. Der Verbreitungswille, d. h. das Bewußtsein des Ackerers durch seine Mitteilung die Zahl der von der Tatsache Wissenden zu vermehren, ist vorhanden gewesen. Tatsachen können auch verbreitet werden, ohne daß der Mitteilende für ihre Wahrheit eintritt. Der Prozeß war bereits erledigt, als der Ackerer die beleidigende Äußerung machte. Es ist nicht ersichtlich, welches Interesse der Ackerer durch seine Erzählung wahren wollte. Die Meinung, daß man das Beweisthema eines Prozesses dritten Personen ohne weiteres mitteilen darf und daß man dabei unter dem Schutz des § 193 steht, ist unhaltbar. Es kommt in jedem Einzelfalle darauf an, ob diese Mitteilung zur Wahrnehmung eines berechtigten Interesses erfolgt.

4. VIII. 05. VI, 97.

Nr. 28.

a) **Tatbestand:** Im Laden der Milchhändlerin Kreszenz Lang wurde eines Tages die Milch polizeilich beanstandet und untersucht. Es ging bald das Gerücht, daß die Milchhändlerin selbst und einige ihrer Lieferanten die Fälschung vorgenommen haben. Von der Spezereihändlersfrau Rosalie Wich bezog die Milchhändlerin ebenfalls Milch. Diese wurde vom Gerüchte nicht betroffen, obwohl gerade deren Milch beanstandet worden war. Es wurde auch gerade diese Lieferantin verurteilt. Die Milchhändlerin setzte nun ins Tageblatt folgende Erklärung: **Falschen Gerüchten gegenüber sehe ich mich zu der Erklärung veranlaßt, daß nicht ich, sondern Frau Rosalie Wich, Spezereihändlers- und Hausbesitzersgattin, wegen Milchfälschung zu einer Strafe von 50 Mk. verurteilt wurde. Kreszentia Lang.**

b) **Urteil:** Die Milchhändlerin wurde freigesprochen.

c) **Gründe:** Für die in der Erklärung behauptete und verbreitete Tatsache wurde der Wahrheitsbeweis erbracht (§§ 186, 190). Es kann trotzdem nach § 192 eine Bestrafung erfolgen, wenn das Vorhandensein einer Beleidigung aus der Form der Behauptung oder Verbreitung oder aus den Umständen, unter denen sie geschah, hervorgeht. Das liegt nicht vor. Zweck des Inserats war, den Gerüchten entgegenzutreten, nicht zu beleidigen. § 193 kommt gar nicht in Betracht. Dieser Paragraph setzt eine an sich beleidigende Äußerung voraus. Die Behauptung und Verbreitung einer **wahren** Tatsache bildet an sich keine Beleidigung. Die Freisprechung ist also nicht erfolgt, weil die Erklärung zur Wahrnehmung eines berechtigten Interesses veröffentlicht wurde, sondern weil überhaupt keine Beleidigung vorlag.

16. VIII. 05. VI, 102.

Nr. 29.

a) **Tatbestand:** Ein Hausbesitzer ließ durch einen Baumeister in seinem Hause Entwässerungsarbeiten ausführen. Die Arbeiten wurden von dem zur

Aufsicht befugten Baubeamten mehrfach dem Hausbesitzer gegenüber als fehlerhaft beanstandet. Der Hausbesitzer teilte dies dem Baumeister mit und fügte bei, daß der Baubeamte auch gesagt habe, wie er nur diesem Baumeister die Arbeit übertragen möge. — Der Baubeamte ordnete bauliche Auflagen an. Der Hausbesitzer veranlaßte deshalb, daß der Baumeister mit ihm zu dem dem betr. Baubeamten vorgesetzten Oberingenieur ging, um die baulichen Auflagen wegzubringen. Bei dieser Verhandlung beschwerte sich der Baumeister und sagte: **der Baubeamte schikaniere ihn, während es bei anderen Entwässerungsarbeiten nicht so genau genommen werde.**

b) **Urteil:** Der Baumeister wurde freigesprochen.

c) **Gründe:** Objektiv und subjektiv liegt eine Beleidigung vor. Die Bemängelung der Arbeit traf den Baumeister. Dieser hatte also ein ihn nahe und persönlich angehendes Interesse daran, sich gegenüber dem Angriffe des Baubeamten auf seine Geschäftsehre und geschäftliche Tüchtigkeit zu verteidigen, über die Herabsetzung seiner Leistungsfähigkeit Beschwerde zu führen und auf Zurücknahme der für den Bauherrn lästigen und den Baumeister beschämenden Auflagen zu dringen. Er wollte dem Gesuche mehr Nachdruck geben. Das ist erlaubt. Er hat dazu ein erlaubtes Mittel genommen, die Beschwerde zur zuständigen Stelle und deren Begründung. Zur Begründung mußte und durfte er vorbringen, was ihm von dem Hausbesitzer mitgeteilt worden war und die Schlüsse, die er aus der wahr gehaltenen Mitteilung über die Gesinnung des Beaubeamten zog.

7. IX. 05. VI, 128.

Nr. 30.

a) **Tatbestand:** In einem Orte wurden wiederholt Schmähschriften, auch gegen den Bürgermeister, angeschlagen. In der Nähe einer Anschlagstelle wurden ein Knecht des Bauern Koller und der Sohn des Bauern Huber gesehen. Der Bürgermeister ließ beide durch den Gendarmen in seiner Gegenwart vernehmen. Der Knecht bestritt die Täterschaft. Der Bürgermeister glaubte, daß Schriftähnlichkeit vorhanden sei und sagte: **wenn du oder der Kollerbauer es nicht geschrieben hat, dann werdens die anderen** — (die Angehörigen des Koller meinend) — **getan haben.** Als auch der Bauerssohn leugnete, sagte der Bürgermeister zu ihm: „**Wenn du es nicht getan hast, hat es dein Alter getan.**" — Der Verdacht war unbegründet.

b) **Urteil:** Der Bürgermeister wurde freigesprochen.

c) **Gründe:** Objektiv und subjektiv liegt eine Beleidigung der nicht anwesend gewesenen zwei Bauern vor (§ 186), ebenso wie des anwesenden Knechtes und Bauernsohnes (§ 185). Letztere können gegen den Bürgermeister nichts machen, weil ihn § 193 schützt. Das gleiche Gesetz schützt ihn auch gegenüber den zwei abwesend gewesenen. Der Bürgermeister ist nach § 153 GVGes. Hilfsbeamter des Staatsanwalts. Nach Art. 138 Gem.-Ordnung hat er die Handhabung der Ortspolizei. Nach § 161 StPO. war er berechtigt, die Spuren einer Straftat zu erforschen und die Täter zu ermitteln, um (§ 156 StPO.) Anzeige erstatten zu können. Als selbstbeleidigter hat er auch die Befugnis, alle ihm geeignet scheinenden Mittel zur Ausforschung des Täters anzuwenden. Er handelte also zur Wahrnehmung berechtigter Interessen, als er Verhör anstellte und einen Verdacht aussprach, auch wenn dieser nicht sehr erheblich war. Er durfte ihnen den Vorhalt machen, daß die zwei Bauern die Täter seien, weil bei deren nahen Beziehungen zu den Vernommenen zweckdienliche Aufschlüsse zu erwarten waren. Er durfte den Vorhalt machen, auch wenn der ausgesprochene Verdacht Abwesende zu Unrecht traf. Aus Form und Umständen ist hier das Vorhandensein einer Beleidigung nicht zu schließen, auch nicht aus der Bezeichnung „Dein Alter", eine in bäuerlichen Kreisen übliche Ausdrucksart.

26. X. 05. VI, 188.

Nr. 31.

a) **Tatbestand:** Der Maler Federl kam in Verdacht, dem Hausbesitzer Huber einen Schaden zugefügt zu haben. Huber mißhandelte den Maler sogar, als er das Gerücht hörte. Als nun aber der Maler hörte, daß der Schuster Knieriem der Täter sein sollte, gab er davon dem Hausbesitzer und anderen Personen im öffentlichen Lokale Kenntnis in der Absicht, den Täter festzustellen und den auf ihm selbst lastenden Verdacht zu beseitigen. Er wahrte dadurch sein eigenes berechtigtes Interesse. Nun hat aber ein Ortseinwohner, der Schneider Nadel, auch in Wirtschaften davon gesprochen, daß der Schuster Knieriem der Täter sei.

b) **Urteil:** Der Schneider wurde verurteilt.

c) **Gründe:** Eine üble Nachrede liegt vor. § 186. Der Schneider hat fremde Interessen vertreten, nämlich die des Malers Federl und des Hausbesitzers Huber. Er ist aber nicht dazu berufen, den Verdacht von einem (nächstbesten) Unschuldigen abzulenken. Er wurde dazu durch ein ethisches Motiv bewogen; dieses begründet aber allein den Schutz des § 193 nicht. Es genügen sittliche Motive allein nicht, es muß sich vielmehr um Angelegenheiten handeln, die den Täter **selbst** wegen seines besonderen Verhältnisses zu ihnen nahe angehen. Wer **nur** aus sittlichen Motiven fremde Interessen vertritt, der vertritt eben fremde und nicht eigene Interessen. — Es genügt die Wahrnehmung eines Interesses der Allgemeinheit zum Ausschluß der Strafe nach § 193 nicht.

25. XI. 05. VI, 224.

Nr. 32.

a) **Tatbestand:** Ein Waldaufseher kam in Verdacht, daß er Holz entwende. Als darüber am letzten Februar in der Wirtschaft gesprochen wurde, erzählte der Hausbesitzer Huber, **daß er den Waldaufseher einmal Nachts ein Stück grünes Holz heimtragen sah.** (1. Fall.) Der Bürgermeister ließ sich als Vorgesetzter des Waldaufsehers später von Huber diese Beobachtung nochmals erzählen. (2. Fall.) Der Waldaufseher lud den Huber zum Sühnetermin. Auch dort brachte Huber seine Erzählung wieder vor. (3. Fall.) Der Waldaufseher verklagte Huber wegen der Äußerungen gegenüber dem Bürgermeister und im Sühnetermin — also im 2. und 3. Falle.

b) **Urteil:** Huber wurde freigesprochen.

c) **Gründe:** Huber hat im 2. Falle nur auf ausdrückliches Verlangen des Vorgesetzten des Waldaufsehers den Vorfall, den er für strafbar hielt, mitgeteilt. Er hat diese Mitteilung in Wahrnehmung einer ihm zustehenden Befugnis gemacht, sohin in berechtigtem Interesse gehandelt. Im Sühnetermine (3. Fall) aber hat er seine Erzählung lediglich zur Wahrnehmung eines berechtigten Interesses — seiner Verteidigung — gemacht. In beiden Fällen also geschah die Äußerung, um sein Verhalten in dieser Angelegenheit zu rechtfertigen und zu verteidigen.

Die beiden Kundgebungen vor dem Bürgermeister und im Sühnetermine beruhen auf einem einheitlichen Vorsatze, sind also ein fortgesetztes Vergehen der üblen Nachrede nach § 186. Die Kundgebung vom letzten Februar (1. Fall) aber hat einen davon verschiedenen Vorsatz, also eine selbständige Handlung, die **nach** dem Eröffnungsbeschlusse der Aburteilung nicht mehr unterstellt werden konnte.

3. I. 06. VI, 261.

Nr. 33.

a) **Tatbestand:** Die Münchner Neuesten Nachrichten brachten einen Artikel gegen den in Paris erscheinenden „Matin", in dem die Ausdrücke **„nichtswürdig, gewissenlos"** vorkommen und die Sätze enthalten sind: **„dem Matin sei alles zuzutrauen, kein Blatt betreibe sein Handwerk mit größerer Schamlosigkeit als der Matin."** Der Artikel enthielt auch die Behauptung, daß **ein gewisser Artikel** im Matin, der die öffentliche Meinung sehr aufgeregt und zu Kriegsgefahr zwischen Deutschland und Frankreich Anlaß gegeben hatte, **eigens zu dem Zwecke veröffentlicht wurde, um ein Sinken der Kurse zu bewirken und um Börsenspekulationen zu dienen.**

b) **Urteil:** Der Redakteur der M. N. N. wurde freigesprochen.

c) **Gründe:** Der Artikel enthielt ehrverletzende Kundgebungen gegenüber den Personen, die der Zeitung den Inhalt geben (vor allem also gegen den Redakteur). Der objektive Tatbestand eines Vergehens nach §§ 185, 186 ist gegeben. Der Redakteur

hat für einen Artikel nur den gleichen Schutz wie jeder Staatsbürger bei sonst gleicher Sachlage. Eine Bevorzugung der Presse besteht nicht. Der Täter ist nach § 193 nur straflos, wenn er eine ihn selbst nahe angehende Sache vertritt und das von ihm wahrgenommene Interesse nicht gegen das Recht oder die gute Sitte verstößt. Auch darf er nicht absichtlich beleidigend handeln. Ob ein berechtigtes Interesse des Täters vorliegt, ist nach billiger und verständiger Beurteilung der konkreten Verhältnisse zu entscheiden. Hier wurde der Artikel in den M. N. N. lediglich deshalb veröffentlicht, um den Frieden zu erhalten und die durch den Matin aufgeregte Stimmung zu beruhigen. Dieses Bestreben ist sittlich berechtigt. Die Brandmarkung des Matin war im Interesse der Allgemeinheit, aber auch im eigenen Interesse jedes Deutschen. Die Wahrnehmung dieses Interesses war also berechtigt. Aus der Form und den Umständen ging das Vorhandensein einer Beleidigung nicht hervor.
5. VII. 06. VII, 47.

Nr. 34.

a) **Tatbestand:** Ein Mühlbesitzer in Westfalen versandte seit einigen Jahren sein Waizenmehl nach Süddeutschland. Er bezeichnete es auf der Eisenbahn als „Kleie" und bekam dadurch einen billigeren Tarifsatz als er für Mehl besteht. Die Eisenbahnverwaltung hatte ihn zu solcher Art der Verfrachtung selbst aufgefordert. Der Redakteur des Südd. Müllerzeitung veröffentlichte nun einen Artikel „**Unreelle Frachthinterziehung**", in dem auch Ausdrücke wie „**unschöne Handelsgepflogenheit**" und „**dunkle Sache**" vorkamen.

b) **Urteil:** Der Redakteur wurde freigesprochen.

c) **Gründe:** Der (ungerechtfertigte) Vorwurf der unreellen Frachthinterziehung ist eine Beleidigung nach § 186, die obigen Ausdrücke eine solche nach § 185, beide rechtlich zusammentreffend gemäß § 73. Berechtigte Interessen des Täters sind auch Interessen einer Personenvereinigung, wenn der Täter diese Interessen kraft seines Berufes zu vertreten hat oder durch so nahe Beziehungen mit dem Vereine verbunden ist, daß er dessen Sache als seine eigene ansehen kann. Hier vertrat der Redakteur berufsmäßig die Interessen der süddeutschen Müller. Diese waren in ihrem Wettbewerbe mit dem Müller aus Westfalen schwer geschädigt, da dieser wegen großer Ersparung der hohen Frachtgebühren in Süddeutschland billig verkaufen konnte. Der Redakteur hat in gutem Glauben an die Wahrheit der von ihm berichteten Tatsachen gehandelt. Er hatte also auch die Befugnis, die entschieden zu mißbilligende Handlungsweise des Müllers einer abfälligen Beurteilung zu unterziehen. Der Redakteur hatte nicht die Pflicht, vor Aufnahme des Artikels Erkundigung über dessen Richtigkeit einzuziehen, denn er war von dessen Richtigkeit überzeugt und durfte auf Abhilfe drängen. Nur bei einem Zweifel hat er die Pflicht zur Erkundigung. Die Absicht zu beleidigen geht aus nichts hervor. Ob der Redakteur noch andere Mittel zur Erreichung seines Zweckes gehabt hätte, ist ohne Belang.
4. IV. 07. VII, 282.

Nr. 35.

a) **Tatbestand:** Als der Reisende Zipfel den Kaufmann Jakob besuchte, sagte Jakob zu Zipfel: dieser habe ihn bei der Bestellung von Drogen angelogen, — er sei ein Lügner. Jakob wurde vom Schöffengericht freigesprochen, beim Landgerichte kam ein Vergleich zustande. Nach dessen Wortlaute

> nahm Jakob die Beleidigungen mit dem Beifügen zurück, daß es ihm fern gelegen sei, dem Zipfel den Vorwurf der Unehrenhaftigkeit zu machen, nachdem Zipfel erkläre, daß eine mißverständliche Auffassung des seinerzeitigen Gesprächs vorliege.

Noch am gleichen Tage versandte Zipfel an Geschäftsfreunde ein Zirkular, in dem er den Vergleich unrichtig wiedergab und unter anderem mitteilte, Jakob habe die ihm zugefügte Beleidigung

> in aller Form mit dem Ausdrucke des tiefsten Bedauerns zurückgenommen und dabei erklärt, daß er zu dieser Ehrverletzung nicht den geringsten Anlaß

hatte und daß er sich lediglich durch ein Mißverständnis und in der Erregung zu der Äußerung hinreißen ließ.

Jakob fühlte sich durch dieses Zirkular beleidigt.

b) **Urteil:** Der Reisende wurde freigesprochen.

c) **Gründe:** Die Verschiedenheit des Inhalts des Vergleichs im Gerichtsprotokoll und im Zirkular fällt in die Augen. Die behauptete und verbreitete Tatsache (tiefstes Bedauern usw.) ist unwahr und der Reisende wußte, daß diese in Beziehung auf den Kaufmann verbreitete Tatsache, diesen verächtlich machen und in der öffentlichen Meinung herabzuwürdigen geeignet ist. Aber es ist nicht nachgewiesen, daß sie wider besseres Wissen gemacht ist. Es ist möglich, daß der Reisende in dem Zirkular das Bild zu Papier brachte, das er nach dem vielen Hin- und Herreden beim Vergleichsabschlusse noch im Kopfe hatte. Dem Reisenden muß nachgewiesen sein, daß er von der Unwahrheit der behaupteten Tatsache überzeugt war. Es genügt also nicht der Eventualdolus. Er hätte sich das richtige Wissen durch Protokollseinsicht verschaffen können. Sein Nichtwissen ist vielleicht schuldhaftes Unterlassen, aber für die Frage, ob § 186 oder § 187 zur Anwendung kommt, ist dies ohne Belang. Es liegt also Beleidigung nach § 186 vor (üble Nachrede). Hier gibt es den Schutz des § 193. Dem Reisenden war Lügenhaftigkeit in seinem Berufe vorgeworfen worden. Von dem Urteil (des I. Prozesses) hatten die Abnehmer des Reisenden erfahren. Es bestand die Absicht, deshalb die Geschäftsverbindung mit ihm zu lösen. Er hätte dadurch Kundschaft und Provision verloren; diesen Nachteil darf er von sich abwenden durch Mitteilung des günstigen Ausgangs des Strafverfahrens. Das geht nicht gegen Recht und gute Sitten. Die Mitteilung darf er machen an alle Geschäftsfreunde und sonst Beteiligte.

6. VI. 07. VII, 301.

Nr. 36.

a) **Tatbestand:** Der Bauer Schön kaufte von dem Ökonomen Förg ein Pferd. Beim Handel war der Wirtssohn Goller als Schmuser für Schön tätig. Zwischen Käufer Schön und Verkäufer Förg entstanden wegen der garantierten Eigenschaften des Pferdes Streitigkeiten. Goller, der für Schön geschmust hatte, wollte sie ausgleichen und bestellte sich mit Förg zusammen. Auf offener Straße in Straubing kam es zwischen Goller und Förg zu einer erregten Auseinandersetzung, so daß sich ungefähr 30 Leute um beide ansammelten. Goller nannte das Pferd einen Häuter, verlangte Zurücknahme des Pferdes oder wenigstens Nachlaß des Restes des Kaufpreises. Förg ließ sich auf nichts ein, weil er wußte, daß die am Pferde gemachten Ausstellungen unbegründet waren. Ein Mann aus der Menge fragte ihn, was es da gebe. Er gab mit lauter Stimme zur Antwort: **„Ein Roß haben sie mir abgekauft; jetzt möchten sie mir das Geld auch noch abschwindeln, die Schwindler."**

b) **Urteil:** Der Ökonom Förg wurde freigesprochen.

c) **Gründe:** Dem Förg war vor einer Menschenmenge von Goller, einem Beauftragten des Schön, ein unreeller Pferdehandel, ein Betrug, vorgeworfen worden. Er betrachtete, weil er die Grundlosigkeit aller Ausstellungen kannte, das Vorgehen des Goller als einen im Einverständnis mit Schön unternommenen Versuch, ihn durch den lauten Vorwurf vor der Menge zur Rücknahme des Pferdes oder zum Nachlaß des Kaufpreisrestes zu bewegen. Aus der Frage eines Mannes aus der Menge, entnahm er, daß die Umstehenden von dem Streite Kenntnis genommen hatten. Seine Ehre war vor der Öffentlichkeit angegriffen worden. Er war daher berechtigt, den Sachverhalt so, wie er ihn als richtig hielt, mitzuteilen. Er hat also seine Interessen vor einer berechtigten Instanz gewahrt, d. h. vor demselben Publikum. Sein Recht hat er nicht überschritten. Er sah das Vorgehen des Goller als Schwindel an und durfte es so bezeichnen. Er hat nun aber das Schimpfwort „Schwindler" beigefügt. Nicht unter allen Umständen schließt nun der Gebrauch eines Schimpfwortes die Absicht zu beleidigen in sich. So auch hier nicht. Er hat dieses Wort nur auf das Verhalten des Goller in **diesem** Falle, nicht hinsichtlich seines **allgemeinen** Verhaltens, gemacht und damit also das nämliche ausgedrückt, was die vorhergehenden Worte sagen. Auch ist zu berücksichtigen, wie ländliche Kreise beim Handel zu verkehren pflegen.

10. X. 07. VIII, 30.

Nr. 37.

a) **Tatbestand:** Bei dem Tapezierer Maier wohnt eine Schlafgängerin. Es konnte beobachtet werden, daß der Schwager des Maier, der Maler Müller, oft ins Haus kam. Müller verübte nun einmal eine Körperverletzung an der Schustersfrau Huber. Die Huber wurde in dieser Anklagesache als Zeugin vernommen. Der Angeklagte Müller brachte als Entlastungszeugen seinen Schwager Maier mit. Die Zeugin Huber erklärte: **„Den Zeugen Maier nehme ich nicht an, er ist mir noch Geld schuldig, es ist ein Rachezeuge, er hat Kuppelei getrieben."**

b) **Urteil:** Die Schustersfrau Huber wurde freigesprochen.

c) **Gründe:** Die Huber war von der Tatsache überzeugt, daß der Tapezierer Maier seiner Schlafgängerin in seiner Wohnung den Beischlaf mit seinem Schwager Müller gestattet hat. Die Huber als Verletzte und als beeidete Zeugin hat ein berechtigtes Interesse an der Klarstellung der Sache und an der Aufklärung des Richters über die Persönlichkeit des Gegenzeugen. Als beeidete Zeugin hatte sie das Recht und die Pflicht, alles vorzubringen, was zum Nachweise der Schuld des Müller dienen konnte. Insbesondere konnte sie darauf aufmerksam machen, daß Maier als ihr Schuldner und wegen seines Verhaltens dem Liebespaare gegenüber nicht unbedingt glaubwürdig erscheint. Sie hat dabei die Grenze der ihr als Zeugin obliegenden Pflicht zur Wahrheitsangabe nicht überschritten. Sie hat also berechtigte Interessen wahrgenommen, ohne Verletzung der Form und ohne Setzung von Umständen, die die Straflosigkeit ausschließen.

1. IX. 08. VIII, 405.

Nr. 38.

a) **Tatbestand:** In Burheim ist eine Realschule, deren Gesamtaufwand jährlich 30 000 Mk. beträgt, wovon die Stadt 11 000 Mk. beisteuert. Nach der neuen Schulordnung sollte das Wahlfach „Stenographie" um 1 Stunde wöchentlich vermehrt werden. Die Kosten des Unterrichts in Wahlfächern pflegen die Städte allein zu tragen. Der Magistrat von Burheim lehnte die Bewilligung der vom Rektor beantragten 90 Mk. für die neue Stunde ab, weil die Finanzlast der Stadt erfordere, jede Aufwandsmehrung der Realschule auf ihre absolute Notwendigkeit zu prüfen und weil die neue Stunde keineswegs notwendig sei. — Zu gleicher Zeit war bereits ein Antrag des Rektors auf Deckung des Mehraufwandes für eine Erweiterung des Physikunterrichts nach dem neuen Lehrplan in Aussicht genommen. Es war Gefahr, daß auch dieser abgelehnt würde. Ein Reallehrer ließ nun in der Stadtzeitung ein anonymes „Eingesandt" erscheinen. Darin war ausgeführt: **das Ministerium habe sich einer großen Unterlassungssünde schuldig gemacht, daß es die Magistrate vorher nicht über die Zweckmäßigkeit der Stunden gefragt habe. Der Magistrat Burheim habe daher mit Recht jede Veränderung der bisherigen Schulordnung abgelehnt, da er doch in erster Linie das Recht habe, darüber zu urteilen, ob die Veränderungen zweckmäßig sind, zumal er sie zu bezahlen habe. . . . Viel Geld könnte erspart werden, wenn dem Magistrat die Verteilung und Streichung der Stunden überlassen werde.** Der Magistrat verklagte den Reallehrer.

b) **Urteil:** Der Reallehrer wurde freigesprochen.

c) **Gründe:** Die Feststellung, ob das Eingesandt eine Beleidigung des Magistrats enthält, ist geboten, wenn er wegen Beleidigung verurteilt werden soll. Wenn aber die Handlung des Reallehrers nicht rechtswidrig ist, braucht es diese Feststellung nicht. Sie ist nun nicht rechtswidrig, wenn sie zur Wahrnehmung berechtigter Interessen geschah und Art und Umstände die Absicht der Kränkung nicht zum Ausdrucke bringen. Der Angeklagte hat als Lehrer der Anstalt das Recht, zu seinem Teile mitzuwirken, daß der Lehrplan der Anstalt durchgeführt wird. Dies ist eine Sache, die ihn „nahe angeht".

Aber er hat auch ein persönliches vermögensrechtliches Interesse, denn er ist zu 22 Wochenstunden für Chemie und Physik verpflichtet, was darüber hinausgeht, wird ihm nach gesetzlicher Vorschrift besonders vergütet. Der Reallehrer wollte durch das Eingesandt den Magistrat zu Gunsten des Antrags beeinflussen, damit diese Körperschaft, die zur Beurteilung der Stundenmehrung ungeeignet war, die Mehrforderung nicht ablehne. Er hielt dieses Mittel zu diesem Zwecke dienlich, machte die Äußerungen also **zur** Wahrnehmung und nicht nur **bei** Gelegenheit der Wahrnehmung berechtigter Interessen. Aus dem Gebrauche einer Zeitung als Sprachrohr und aus der Anonymität kann nicht ohne weiteres auf das Vorhandensein einer Beleidigung zurückgeschlossen werden. Das Eingesandt ist zwar ironisch gehalten, aber das ist in diesem Falle kein ausreichender Grund, um die Beleidigungsabsicht zweifellos zu begründen.
7. IX. 08. VIII, 408.

Nr. 39.

a) **Tatbestand:** Der Beamte Heß reiste mit seiner Tochter nach München, weil diese sich verpflichtet hatte, in die dortige Sprachheilanstalt des Herrn Meister als Assistentin einzutreten. Beim Aufsuchen der Anstalt antworteten die Gefragten mit Achselzucken so eigentümlich, daß es Heß auffiel. Auch das Dienstmädchen antwortete ausweichend und endlich, mit der Bitte, es nicht zu verraten, dahin, daß es selbst nicht dableibe und während seiner Dienstzeit von 2 Monaten weder eine Patientin noch eine Assistentin gesehen habe. Heß entschloß sich, seine Tochter nicht bei Meister zu lassen, zumal dieser bei der Rücksprache auf eine Probedienstleistung nicht einging, sondern Verpflichtung auf 3 Jahre und 500 Mk. Kaution verlangte. Beide reisten deshalb wieder nach Hause. Mehreren fragenden Personen antwortete Heß: **„Das Haus muß verrufen sein; ich habe meine Tochter nicht verkaufen wollen."**

b) **Urteil:** Heß wurde freigesprochen.

c) **Gründe:** In den nicht erweislich wahren Äußerungen liegt eine Beleidigung nach § 186. Aber sie ist zur Wahrnehmung berechtigter Interessen gemacht. Ob dies der Fall ist, ist zunächst Sache der tatsächlichen Feststellung. (Hier kann ein Rechtsirrtum obwalten, der Revision zuläßt!) Das Interesse muß bei billiger, verständiger Beurteilung der Sachlage als gerechtfertigt erscheinen. — In diesem Falle wollte Heß sein Verhalten in der Angelegenheit seiner Tochter rechtfertigen. Er war berechtigt, die Gründe seines Handelns mitzuteilen, um der Annahme zu begegnen, daß seine Tochter als unbrauchbar zurückgewiesen worden sei, und daß der Rückkehr der Tochter andere als die tatsächlichen Gründe untergeschoben würden. Er hat die Äußerungen ernstlich zum Zwecke der Wahrnehmung berechtigter Interessen gemacht. Sie werden nicht deshalb strafbar, weil dieser Zweck auch anders erreicht werden konnte. Form und Umstände lassen eine Beleidigung nicht ersehen. Die Worte „verrufen" und „verkaufen" bilden den **Inhalt** der Beleidigung, sie mußten gebraucht werden, um den Zweck der Wahrnehmung berechtigter Interessen zu erreichen. Aus dem Inhalte der Äußerung kann die Beleidigungsabsicht nicht entnommen werden (II, 47). Die **Form** ist das Gewand, aus der die Absicht geschlossen werden kann, z. B. Art der Kundgebung (ironisch, hämisch, gehässig), Ausdrucksweise, Ton, Bewegung, Gebrauch von Schimpfwörtern (V, 59).
10. XI. 04. V, 109.

Nr. 40.

a) **Tatbestand:** In der Gemeinde Dorfen werden für die Unterhaltung der Wege Umlagen erhoben. Durch Beschluß der Gemeindeverwaltung ist der Bürgermeister bestimmt worden die Wegarbeiten zu beaufsichtigen, wofür er täglich 2 Mk. erhält. Huberbauer glaubt zu den Umlagen nicht verpflichtet zu sein und schreibt an das Bezirksamt, wobei er den Gemeindebeschluß bemängelt und vor allem die Mitwirkung des Bürgermeisters bei den Wegarbeiten. Er schreibt: „. . . es ist überflüssig, daß **der Bürgermeister pro**

Tag 3 Mk. einsteckt, zumal die Aufsicht über die Arbeiten nicht selten weit entlegen in der warmen Stube eines Gasthauses hinter dem Bierkruge oder beim Spiele ausgeübt wird."

b) **Urteil:** Huberbauer wurde verurteilt.

c) **Gründe:** In der Äußerung steckt der Vorwurf, daß der Bürgermeister seine dienstliche Verpflichtung gröblich verletze. Es ist aber festgestellt, daß er die Aufsicht gewissenhaft führte. Es liegt üble Nachrede nach § 186 vor. Die Äußerung ist zur Wahrnehmung der in der Beschwerdeschrift behaupteten Rechte gemacht. Aber die Ausdrucksweise ist hämisch und zum Zwecke gemacht, dem Bürgermeister beim Bezirksamt einen Makel anzuhängen (Form). Auch die Umstände (gehässige Stimmung, Hervorhebung der Tätigkeit des Bürgermeisters beim Zustandekommen des Beschlusses, Anzweiflung der Gültigkeit des Beschlusses) lassen auf die beleidigende Absicht schließen. Also ist der Tatbestand des § 186 gegeben; der Strafausschließungsgrund des § 193 tritt nicht in Wirkung. Die Bestrafung tritt daher ganz in der Weise ein, als wenn § 193 überhaupt nicht in Betracht gekommen wäre. — Wenn der Wahrheitsbeweis einer Beleidigung nach § 186 gelingt, kann dennoch wegen der Form und der Umstände eine Beleidigung nach § 185 vorliegen (§ 192 StGB.).

12. XI. 04. V, 113.

Schlagwort-Verzeichnis.

(Die Zahlen bedeuten die Fälle.)

Kolibri 360 GmbH
Ferdinand-Jühlke-Straße 7
99095 Erfurt, Deutschland
produktsicherheit@kolibri360.de